일렉기타 솔로 연주를 위한
말랑기타 트레이닝북

전무진 지음

1458music

들어가는 말

어느 순간부터 하루하루를 별일 없이 살아내는 것이 얼마나 감사한 일인지 느끼고 있습니다.
내가 좋아하는 기타를 치고, 축구를 하며, 가족과 소소하게 하루의 안부를 묻는 그 작은 일들이 참 소중하게 다가옵니다.

이번 책도 그런 마음으로 만들어 보았습니다.
충분한 잠, 건강한 음식, 짧은 산책처럼 때로는 중요하지 않다고 여겨질 수 있는 일들이,
돌아보면 삶에서 가장 중요한 부분임을 깨닫게 되는 것처럼요.

기타 연습도 마찬가지인 것 같습니다.
매일 반복해야 하는 기본적인 연습이 분명 존재하는데, 어느 순간부터 시간을 거스르고 싶은 마음에 신기루 같은 '쉽게 기타를 잘 칠 수 있는 마법'만 찾고 있는 저를 보았습니다. 초심으로 돌아가는 훈련을 하며 이런 고민은 저만의 이야기가 아닐 거란 생각이 들었습니다.

기타 레슨을 하다보면 각자 나름의 고민들이 있습니다. 초·중급 실력에서 고급으로 넘어가려는 분들, 처음 솔로 연주나 즉흥 연주에 도전하고 싶은 분들, 그리고 어디서부터 어떤 연습을 해야 할지 몰라 막막한 분들의 이야기를 듣게 됩니다. 특히 바쁜 시간을 쪼개 기타를 연습하는 직장인 분들이 그 짧은 시간에 무엇을 해야 할지 모르겠다는 고민을 털어놓으실 때마다, '피아노의 하농'처럼 '언제 어디서든 기본기를 다질 수 있는 책을 만들어야겠다'라는 생각이 들었습니다. 이 책이 그런 분들에게 도움이 되었으면 좋겠습니다.

기타 연주에 정답 같은 것은 없다고 생각합니다. 각자 다르게 접근하고, 다르게 느끼는 것이 틀린 것이 아니기 때문입니다. 그래서 이 책도 '이렇게만 하세요'라고 강요하는 게 아니라, 다양한 의견 중 하나로서 '진리(眞理)'가 아닌 '일리(一理)'가 되고자 합니다. 저 역시 부족한 점이 많아 더 노력하고 열심히 해야 하지만, 기타를 치며 느낀 노하우들을 그때그때 기록으로 남기고 나눌 수 있음에 큰 감사함을 느낍니다.

이번에도 책을 만드는 데 많은 도움을 주신 1458music 출판사 분들께 진심으로 감사드립니다. 특히 준용 님께 더 큰 감사를 전하고 싶습니다. 또한, 유튜브 '말랑기타'를 함께 만들어 주신 형국 님, 이슬 PD님, 그리고 편집자 선호 님께도 감사의 마음을 전합니다.

무엇보다 이런 기회를 가능하게 해주신 유튜브 '말랑기타' 구독자분들께 감사드립니다.
모든 독자분들이 기타 연주를 통해 더 행복한 삶이 되시길 진심으로 기원합니다.

감사합니다.

당신의 하루를 응원하며
전무진

목차

이 책의 활용법

1. 기본기를 다지기 위한 책

이 책은 기타 연주의 기본기를 다지는 데 초점을 맞추고 있습니다. 욕심내지 말고 하루에 한 페이지 씩 꾸준히 연습하는 것을 추천합니다. 작은 단계를 반복적으로 쌓아가는 것이 실력 향상의 열쇠입니다.

2. 메트로놈과 음원 활용

메트로놈을 사용해서 느린 템포부터 시작해 박자를 안정적으로 맞추는 데 집중하세요. 익숙해지면 QR 코드로 음원을 틀어 놓고 연습하며 실전 감각을 익히세요. 반복을 통해 리듬과 박자가 자연스 럽게 몸에 배게 됩니다.

3. 피킹 연습 : 얽매이지 말고 편하게

이 책은 얼터네이트 피킹(Alternate Picking, 다운업의 반복)을 추천하지만, 피킹 방식에 얽매일 필요는 없습니다. 연습 초반에는 박자에 집중하고, 자신에게 편한 피킹 방식으로 연주하세요. 피킹은 도구일뿐, 음악적 표현과 박자가 더 중요합니다.

4. 다양한 키(key)로 확장

이 책은 하나의 key로 악보를 제공하지만 연습한 후 이를 12개의 모든 key로 확장하세요. 12 key로 연습하면, 다양한 상황에 유연하게 대처할 수 있습니다. 장기적으로 기타 연주에 큰 자신감을 가져다줍니다.

5. 꾸준함의 힘

작은 습관으로 매일 조금씩 연습하는 것이 중요합니다. 꾸준히 한 페이지씩 연습하면 어느새 놀랄 만큼의 성장을 경험하게 될 것입니다.

Part 1. 크로매틱(Chromatic)

Part 1 음원 듣기

크로매틱 훈련 : 자유로운 손가락 움직임을 위한 필수 연습

크로매틱 훈련을 해야 하는지에 대해서는 논란이 많습니다. 즉흥 연주나 솔로에서 크로매틱 스케일을 직접적으로 사용하는 경우가 많지 않기 때문입니다. 하지만 크로매틱 훈련의 핵심은 특정 스케일의 연주가 아니라, 손가락을 자유롭게 움직일 수 있는 능력을 키우는 데 있습니다.

특히 솔로 연주를 목표로 하는 기타리스트라면, 손가락의 독립성과 유연성을 향상시키기 위해 크로매틱 훈련이 필수입니다. 손가락을 원하는 대로 움직일 수 있게 되면, 어떤 상황에서도 빠르고 정확하게 반응할 수 있는 기초를 다질 수 있습니다.

연습 방법

1) 기본 크로매틱 패턴

① 1번 손가락부터 시작해서 순서대로 각 손가락을 연습합니다. 1번, 2번, 3번, 4번 손가락으로 1프렛, 2프렛, 3프렛, 4프렛을 차례대로 연주합니다.

② 이 패턴을 6번 줄에서 시작하여 모든 줄로 확장합니다.

2) 조합 연습

① 손가락 조합을 다양하게 변경하며 연습합니다. 1-3-2-4, 4-2-3-1 등 가능한 모든 손가락 조합을 시도합니다.

② 각 조합이 지판 위에서 자연스럽게 느껴질 때까지 반복합니다.

3) 속도와 정확성 향상

① 메트로놈을 사용해 천천히 시작한 뒤, 점차 속도를 높여 연습합니다.

② 정확성이 떨어지지 않도록 클린 톤으로 연습하며, 동일한 리듬을 유지합니다.

4) 역방향 연습

① 하행(고음 → 저음)으로도 동일한 패턴을 연습합니다. 예를 들어 1-2-3-4 패턴의 경우 4번 손가락부터 시작하여 4-3-2-1로 하행하며 연습합니다.

크로매틱 훈련은 단순하고 반복적인 연습이지만, 꾸준히 해야만 손가락 근육이 기억하고 자연스럽게 반응할 수 있습니다. 크로매틱 훈련은 단순한 연습처럼 보이지만, 기타 연주의 기초 체력을 다지는 데 가장 효과적인 방법입니다. 꾸준히 연습하면, 솔로 연주에서 자신감과 안정감을 얻을 수 있습니다.

① 1-2-3-4 패턴

② 1-2-4-3 패턴

③ 1-3-2-4 패턴

④ 1-3-4-2 패턴

⑤ 1-4-2-3 패턴

⑥ 1-4-3-2 패턴

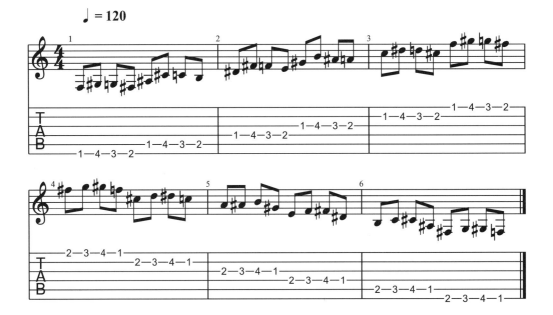

⑦ 2-1-3-4 패턴

⑧ 2-1-4-3 패턴

⑨ 2-3-1-4 패턴

⑩ 2-3-4-1 패턴

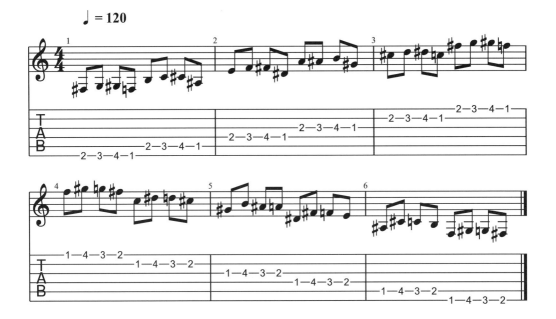

⑪ 2-4-1-3 패턴

⑫ 2-4-3-1 패턴

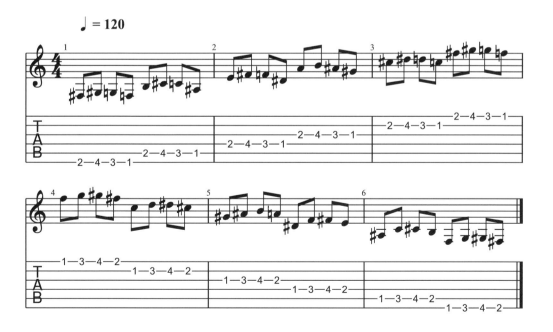

⑬ 3-1-2-4 패턴

⑭ 3-1-4-2 패턴

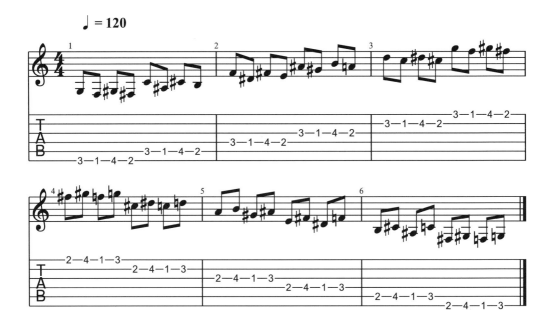

⑮ 3-2-1-4 패턴

⑯ 3-2-4-1 패턴

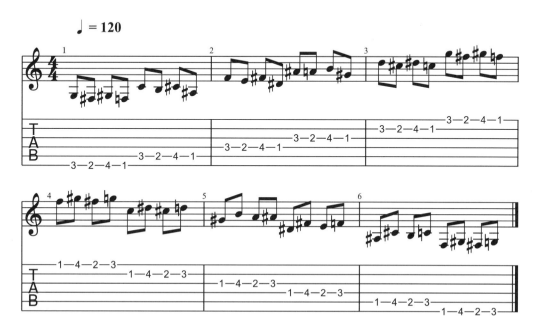

⑰ 3-4-1-2 패턴

⑱ 3-4-2-1 패턴

⑲ 4-1-2-3 패턴

⑳ 4-1-3-2 패턴

㉑ 4-2-1-3 패턴

㉒ 4-2-3-1 패턴

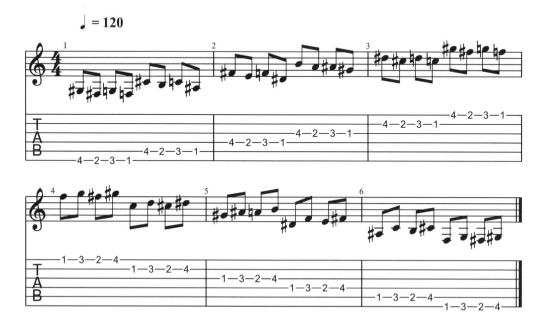

㉓ 4-3-1-2 패턴

㉔ 4-3-2-1 패턴

Part 2. 음정(Interval)

Part 2 음원 듣기

1도부터 8도까지 : 음정의 기초와 기타 포지션 연습법

기타 연주를 배우거나 연습하는 과정에서, 잘 사용하지 않는 포지션을 익히는 것은 연주 기술의 확
장을 넘어 전반적인 유연성을 키우는 데 매우 중요합니다. 특히, 같은 프렛에서 4도 음정을 활용하
는 연습은 기타리스트들이 자주 놓치는 부분 중 하나입니다. 이러한 연습을 체계적으로 반복하면,
다양한 상황에서 새로운 가능성을 열어줄 뿐 아니라, 음악적 표현력을 풍부하게 만들어 줍니다.

예를 들어, 코드 진행에서 독창적인 보이싱을 활용하거나 멜로디를 연주하면서 다른 줄로 이동해야
하는 상황에서, 같은 프렛에서의 음정 이해와 활용은 큰 장점을 제공합니다. 이러한 훈련은 단순히
기술적인 향상에 그치지 않고, 기타 지판을 바라보는 방식 자체를 변화시킬 수 있습니다.

연습 방법
1) 기초 음정 이해
① 1도(C)에서 8도(C 옥타브까지)의 음정을 체계적으로 이해합니다.
② 2도, 3도, 4도, 5도, 6도, 7도의 음정 간격과 위치를 지판 위에서 파악합니다.

2) 포지션 연습
① 같은 프렛에서 음정 연습을 합니다. 예를 들어 6번 줄에서 시작해 5번 줄로 넘어가며 4도, 5도
등 다양한 음정을 연결합니다.
② 다른 프렛과의 조합을 연습합니다. 같은 줄에서 이동하는 것뿐만 아니라, 다른 줄로 넘어가면서
음정을 연결하는 연습을 진행합니다. 예를 들어, 5번 줄 3프렛(C)에서 4번 줄 5프렛(G)으로 이동하
며 5도를 연주하거나, 3도에서 시작해 다른 프렛의 6도나 7도로 이동해 보세요.

3) 템포와 리듬 추가
① 메트로놈을 활용해 천천히 시작한 뒤 점차 속도를 높이며 리듬감을 익힙니다.

1도에서 8도까지의 음정 이해와 포지션 연습은 단순히 기술적인 능력을 넘어, 기타 지판에 대한 깊은 이해를 제공합니다. 꾸준한 연습을 통해 새로운 테크닉을 익히고, 연주에 있어 음악적 표현력을 크게 넓힐 수 있습니다.

① 1도 음정 연습

② 2도 음정 연습

③ 3도 음정 연습

④ 4도 음정 연습

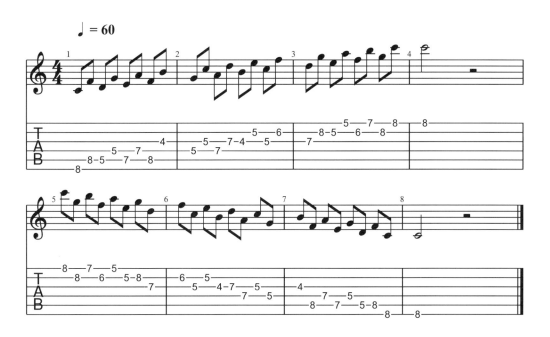

⑤ 5도 음정 연습

⑥ 6도 음정 연습

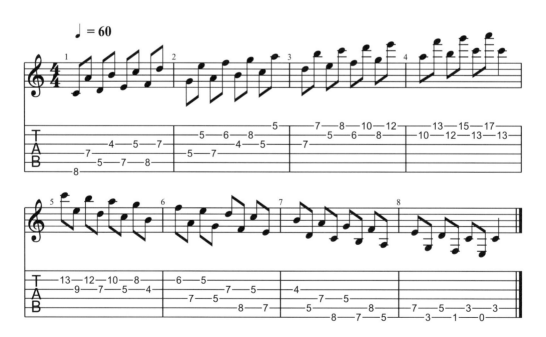

⑦ 7도 음정 연습

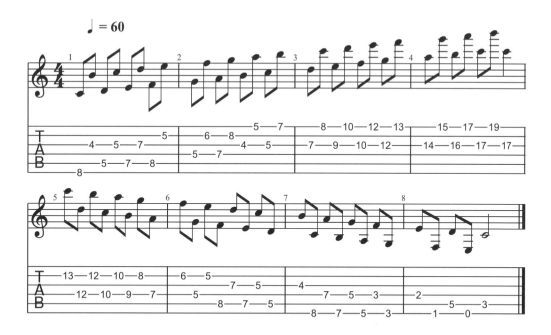

⑧ 8도 음정 연습

Part 3. 메이저 스케일(Major Scale)

Part 3 음원 듣기

메이저 스케일과 블록 연습법

메이저 스케일은 기타 연주의 기초이자 핵심으로, 꾸준한 연습을 통해 자연스럽게 손에 익히는 것이 중요합니다. 2권 중급 교재에서도 강조했듯이, 메이저 스케일은 음악적 이해와 연주 기술을 동시에 발전시키는 데 필수적입니다.

5가지 기초 블록 연습법

메이저 스케일 연습에서 저는 5가지 기초 블록을 활용하는 방식을 추천합니다. 이 방법은 블록 간의 중복을 최소화하여 연습의 효율성을 높이고, 기타 지판 전반을 체계적으로 익히는 데 도움을 줍니다.

1) 5가지 블록 시스템

① 메이저 스케일을 5개의 영역으로 나누어 지판 전체에서 활용할 수 있도록 합니다. 예를 들어 C 메이저 스케일의 각 블록에서 음정을 연결하며 연주합니다.

② 다양한 리듬 패턴을 적용해 연습합니다.

③ 각 블록을 연결하여 지판 전체를 자연스럽게 이동하며 스케일을 연주합니다.

참고로, 클래식 기타에서는 메이저 스케일을 12가지 블록으로 나누어 세분화한 방식도 사용되며 이를 학습하면 더욱 세밀한 지판 이해가 가능합니다.

메이저 스케일은 기타 연주에 있어 가장 기본적이면서도 중요한 요소입니다. 5가지 블록 연습법과 록(Rock) 음악 블록의 특징을 활용해, 연주 실력을 체계적으로 발전시키고 다양한 음악적 상황에서 자유롭게 연주할 수 있는 기초를 다져보세요.

C Major Scale 1도 폼

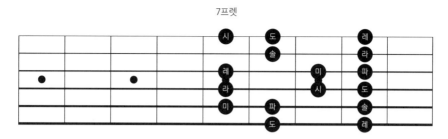

① 1도 폼 메이저 스케일

C Major Scale 2도 폼

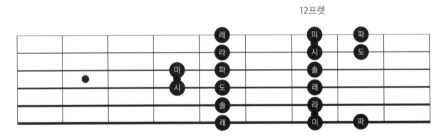

② 2도 폼 메이저 스케일

C Major Scale 3도 폼

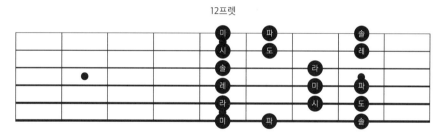

③ 3도 폼 메이저 스케일

C Major Scale 5도 폼

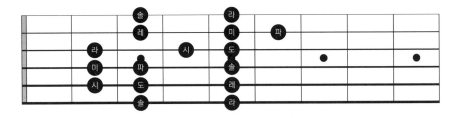

④ 5도 폼 메이저 스케일

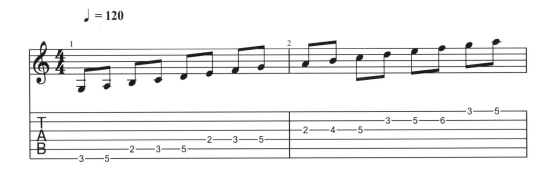

C Major Scale 6도 폼

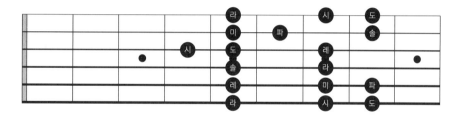

⑤ 6도 폼 메이저 스케일

⑥ 3연음(1도 폼)

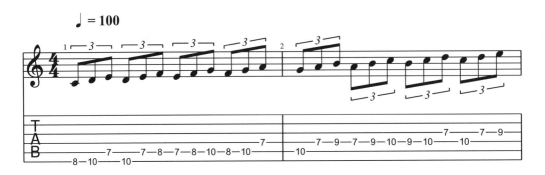

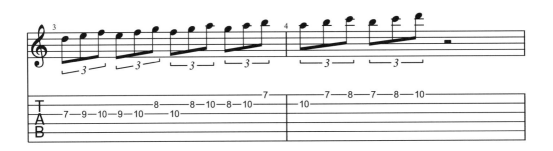

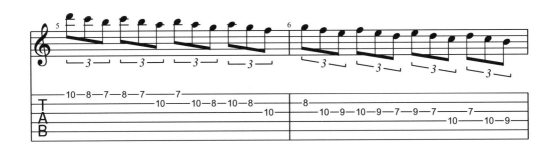

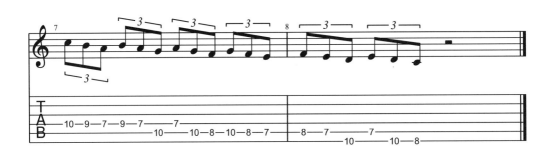

⑦ 3연음(2도 폼)

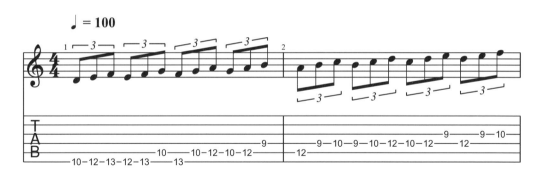

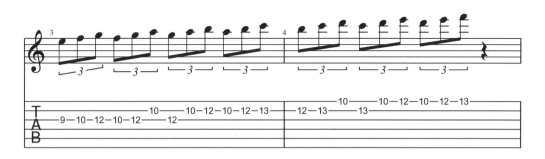

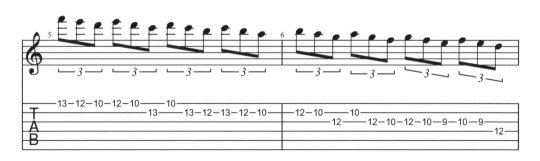

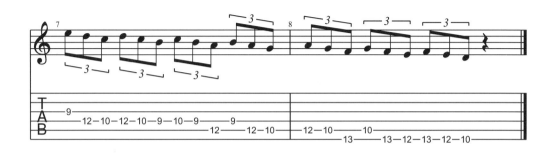

⑧ 3연음(3도 폼)

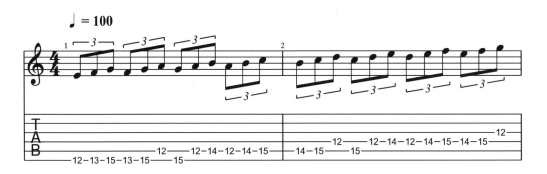

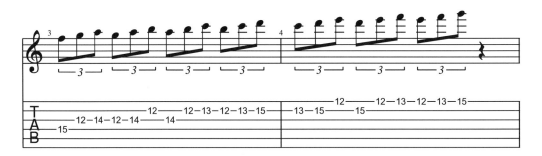

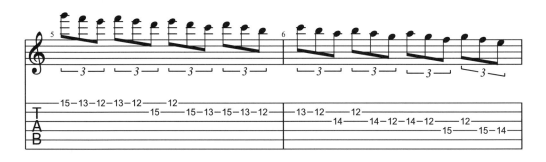

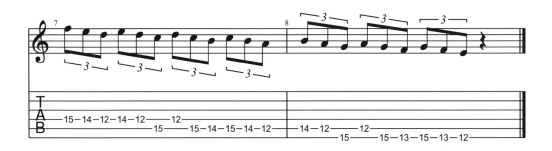

⑨ 3연음(5도 폼)

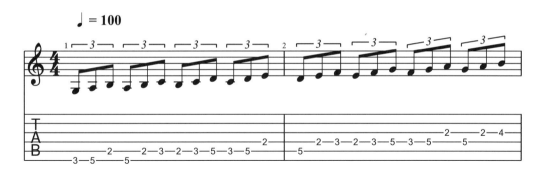

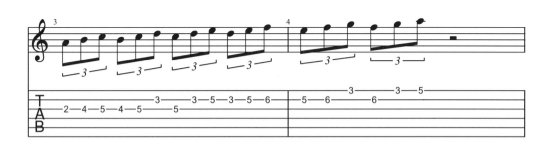

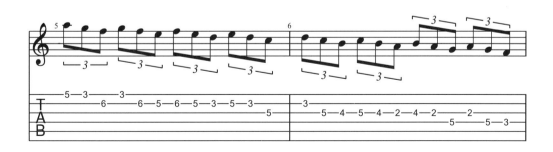

⑩ 3연음(6도 폼)

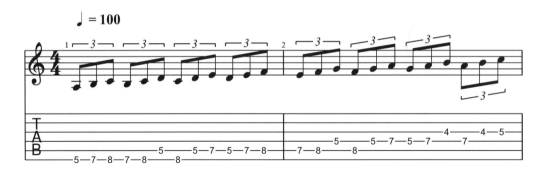

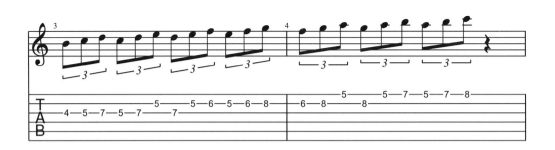

⑪ 4연음(1도 폼)

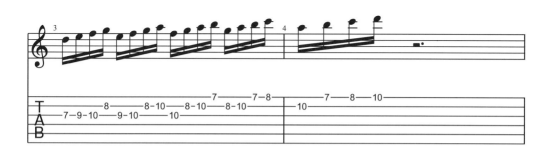

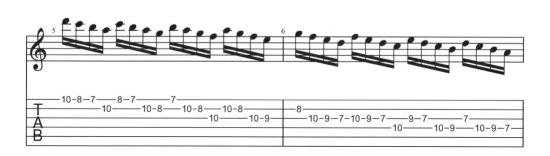

⑫ 4연음(2도 폼)

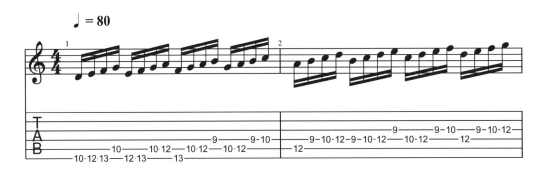

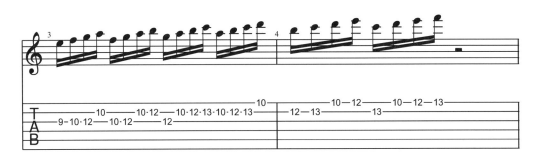

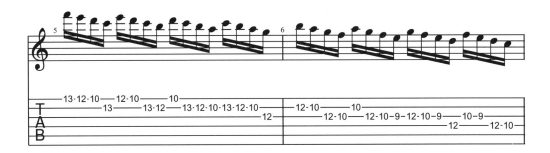

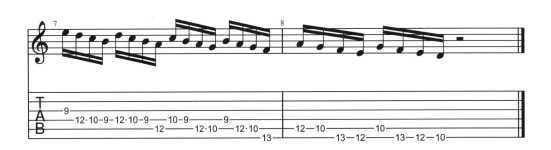

⑬ 4연음(3도 폼)

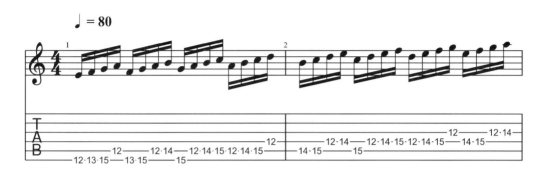

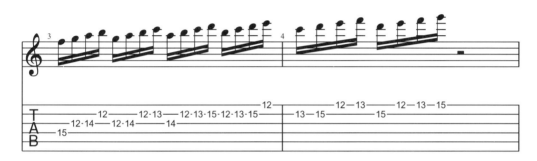

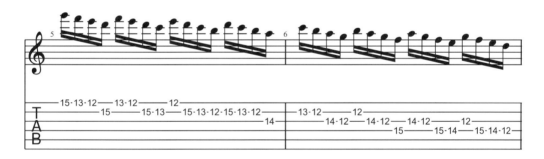

⑭ 4연음(5도 폼)

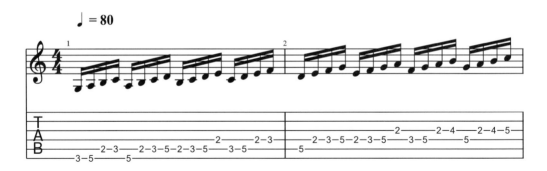

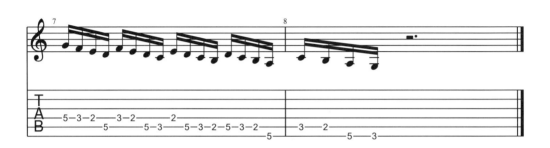

⑮ 4연음(6도 폼)

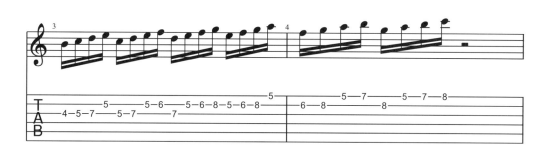

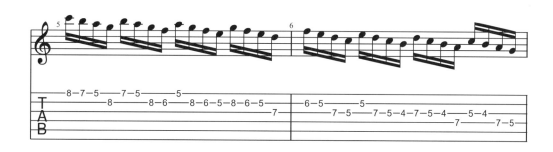

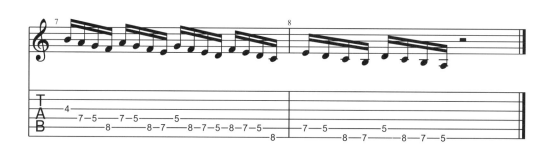

★★★★★
록 음악 스케일 블록 연습

메이저 스케일 연습 과정에서, 록 음악에 주로 사용하는 스케일 블록을 함께 익히는 것도 추천합니다. 같은 줄에서 3개의 음을 사용하는 블록 형태가 많아, 속주 상황에서 적합하기 때문입니다. 이러한 블록은 이코노미 피킹(economy picking, 다운피킹과 업피킹을 최소한의 손동작으로 자연스럽게 움직이는 것)을 효율적으로 활용할 수 있도록 설계되어 있으며, 빠른 템포의 곡이나 솔로 연주에 최적화되어 있습니다. 록 음악 메이저 스케일 연습은 그 중요성에 비해 많은 분이 잘 모르는 내용입니다. 아래 2가지 블록을 잘 확인하면서 꾸준히 연습해 주세요.

Rock 버전 메이저 스케일 블록 ①

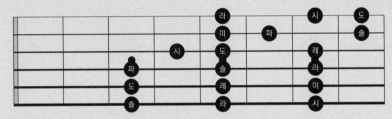

Rock 버전 메이저 스케일 블록 ②

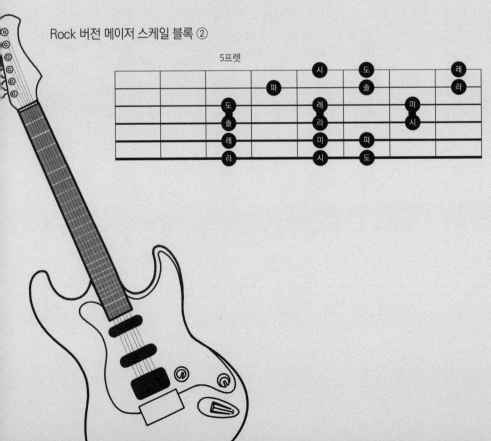

⑯ 메이저 스케일 Rock ver1

⑰ 메이저 스케일 Rock ver2

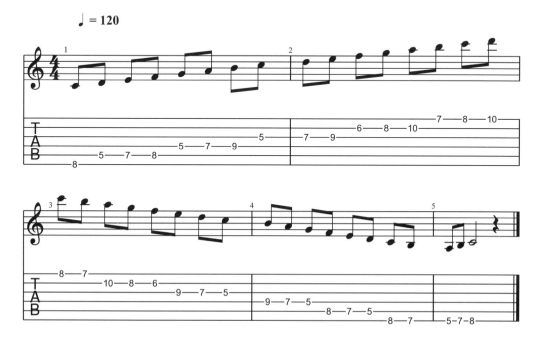

⑱ Rock ver1 3연음

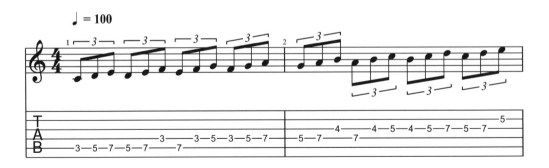

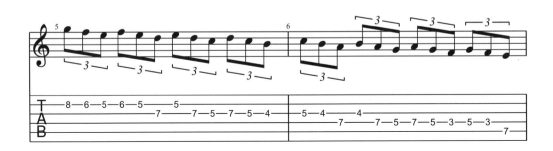

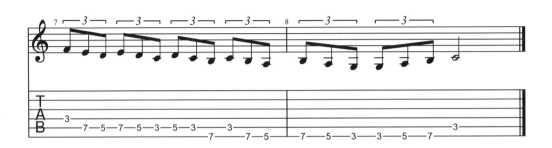

⑲ Rock ver1 4연음

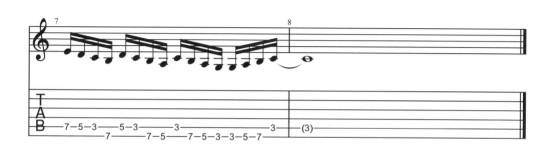

⑳ Rock ver1 6연음

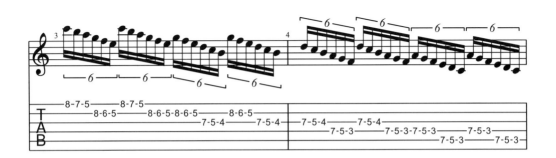

㉑ Rock ver2 3연음

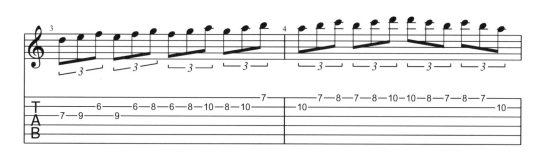

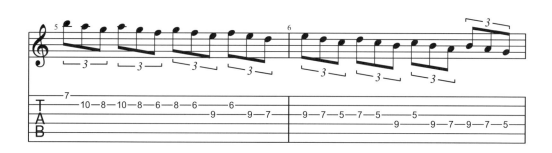

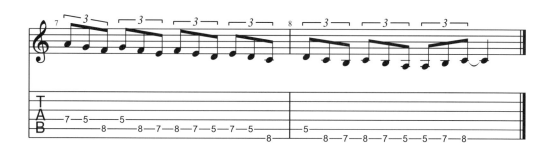

㉒ Rock ver2 4연음

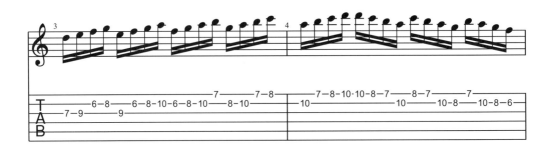

㉓ Rock ver2 6연음

♩ = 50

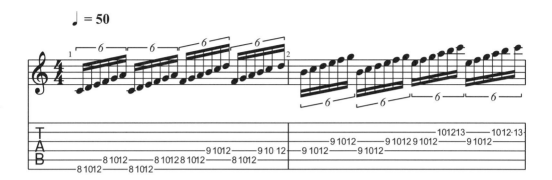

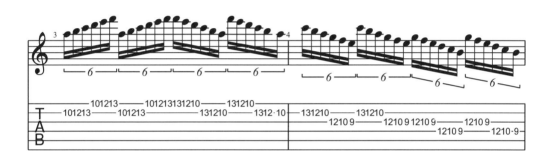

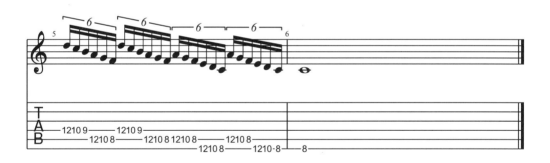

Part 4. 비트 트레이닝(Beat Training)

Part 4 음원 듣기

박자 연습과 즉흥 연주의 기초

기타 연주에서 손가락을 자유롭게 움직이는 테크닉과 적절한 음 선택 능력을 갖췄다면, 이제는 박자 감각을 키우는 단계로 나아가야 합니다. 박자 감각은 음악적 표현력을 강화하고, 멜로디 연주나 즉흥 연주에서 자신의 감정을 리듬에 맞춰 자연스럽게 전달하는 데 필수적인 요소입니다. 특히, 리듬에 대한 이해와 활용 능력은 연주의 완성도를 높이고, 다양한 음악 스타일에 대응할 수 있는 유연성을 제공합니다.

필수 박자 연습
꼭 메트로놈을 사용하면서 연습해야 합니다.
• 4분음표 : 안정적인 리듬 연습의 기본입니다.
• 8분음표 : 박자당 두 개의 음을 연주하며 정확성과 속도감을 동시에 훈련합니다.
• 16분음표 : 빠르고 세밀한 리듬 제어 능력을 강화합니다.
• 셋잇단음표 : 박자당 세 개의 음을 연주하며 리드미컬한 느낌을 살립니다.
• 셔플 리듬 : 스윙 감각을 연습하여 블루스, 재즈 등 다양한 스타일에 활용합니다.

연습 방법
① 메이저 스케일 6도 폼을 활용하여 연습합니다. 6도 폼에서 음정을 연주하며 박자를 연습합니다.
② 다양한 박자를 섞어서 함께 연습합니다.
③ 메트로놈을 사용하여 일정한 박자감을 유지하며 연습합니다.
④ 유튜브를 활용하여 드럼 트랙이나 리듬 패턴을 틀어 놓고 실제 반주 상황을 재현하며 연습합니다. 더 정확한 박자 감각을 기를 수 있습니다.

박자 연습은 기타 연주의 기초이자 모든 음악적 표현의 기반입니다. 단순히 박자에 맞춰 연주하는 것을 넘어, 리듬을 통해 자신의 감정을 표현하고 음악의 흐름을 조율하는 데까지 나아가야 합니다. 꾸준히 연습하면 기타 연주에서 새로운 가능성을 발견하고, 음악적 완성도를 한층 더 높일 수 있을 것입니다.

① 4분음표

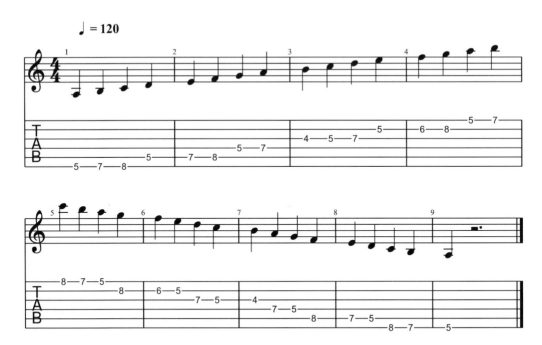

② 8분음표

③ 셋잇단음표

④ 셔플

⑤ 리버스 셔플

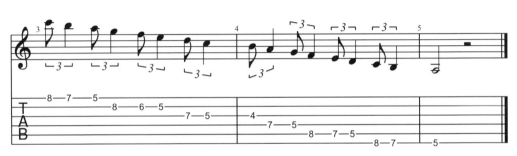

⑥ 셔플 - 리버스 셔플

⑦ 리버스 셔플 - 셔플

⑧ 16분음표

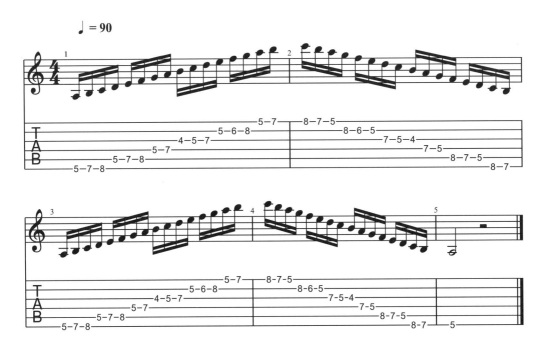

⑨ 8분음표 – 16셋잇단음표

⑩ 16셋잇단음표 – 8분음표

⑪ 8분음표 – 16셋잇단음표, 16셋잇단음표 – 8분음표

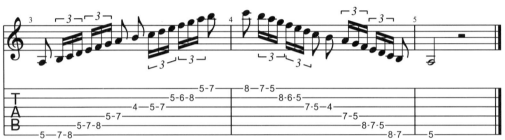

⑫ 16셋잇단음표 – 8분음표, 8분음표 – 16셋잇단음표

⑬ 음표 종합 연습

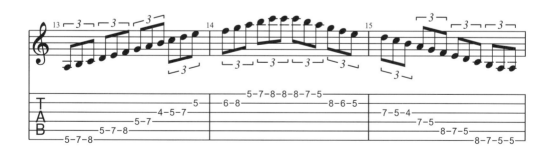

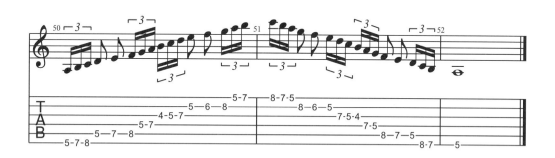

Part 5. 펜타토닉 스케일(Pentatonic Scale)

Part 5 음원 듣기

펜타토닉 스케일은 음악에서 많이 사용하는 스케일 중 하나로, 블루스와 같은 장르에서는 특히 필수적인 역할을 합니다. 기타 연주자라면 반드시 익혀야 합니다. 5가지 블록 패턴을 눈감고도 연주할 수 있을 정도로 손에 익히는 것이 중요합니다. 펜타토닉 스케일은 이름에서 알 수 있듯이, 펜타(Penta)는 숫자 5를, 토닉(Tonic)은 음을 의미하며, 5개의 음으로 이루어진 배열을 뜻합니다. 펜타토닉 스케일은 크게 메이저 펜타토닉과 마이너 펜타토닉 두 가지로 나뉩니다.

1. 메이저 펜타토닉 스케일

메이저 펜타토닉은 기본 메이저 스케일(1, 2, 3, 4, 5, 6, 7)의 4도와 7도를 제외한 음으로 구성됩니다. 예를 들어, C 메이저 스케일(C, D, E, F, G, A, B)에서 4도(F)와 7도(B)를 제외하면 C, D, E, G, A(1, 2, 3, 5, 6)가 됩니다. 여기서 중요한 점은, 특정 음(F와 B)을 빼는 것이 아니라 스케일에서 4도와 7도를 제거한다는 원리를 이해해야 한다는 것입니다. 예를 들어 G key의 경우, G 메이저 스케일(G, A, B, C, D, E, F#)에서 4도(C)와 7도(F#)를 제외하면 G, A, B, D, E(1, 2, 3, 5, 6)가 됩니다. 따라서 모든 key에서 동일한 원리를 적용해 연습하면 어떤 상황에서도 펜타토닉 스케일을 활용할 수 있습니다. 아래는 C 메이저 스케일의 6도 폼에서 4도와 7도를 제외한 블록 예시입니다.

메이저 펜타토닉 6도 폼

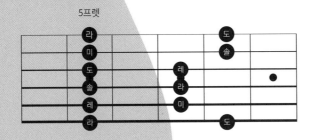

2. 마이너 펜타토닉 스케일

마이너 펜타토닉 스케일은 네추럴 마이너 스케일(1, 2, ♭3, 4, 5, ♭6, ♭7)의 2도와 ♭6도를 제외한 음으로 구성됩니다. 예를 들어, C 마이너 스케일(C, D, E♭, F, G, A♭, B♭)에서 2도(D)와 ♭6도(A♭)를 제외하면 C, E♭, F, G, B♭(1, ♭3, 4, 5, ♭7)이 됩니다. 이 마이너 펜타토닉 스케일은 메이저 블록과 연계하여 반복적으로 연습하는 것이 효과적입니다. 참고로, 마이너 스케일의 블록 이름은 메이저 스케일 기준으로 명명되므로, C 마이너 스케일은 E♭ 메이저 스케일의 6도 폼에 해당합니다.

마이너 펜타토닉 6도 폼

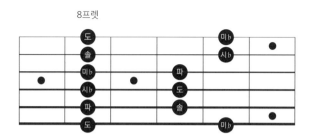

펜타토닉 스케일은 기타 연주의 기본이자 즉흥 연주와 멜로디 표현의 핵심 도구입니다. 꾸준히 연습하여 블록 패턴을 자연스럽게 익히고, 다양한 음악적 상황에서 자유롭게 활용할 수 있도록 노력하세요.

① Am 펜타토닉 ♩ = 120

② C 펜타토닉 ♩ = 120

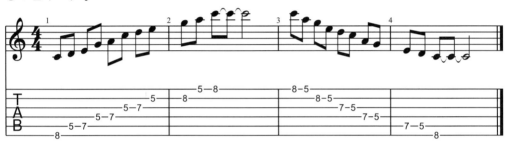

③ Cm 펜타토닉 ♩ = 120

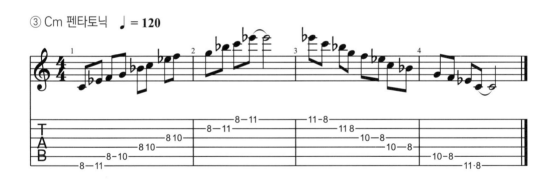

④ E♭ 펜타토닉 ♩ = 120

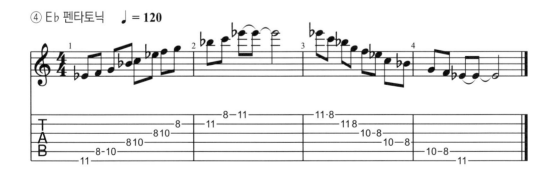

⑤ 펜타토닉 1도 폼

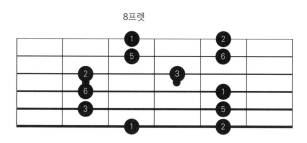

♩ = 120

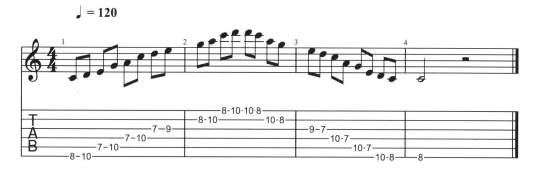

⑥ 펜타토닉 2도 폼

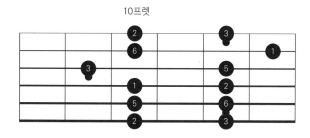

♩ = 120

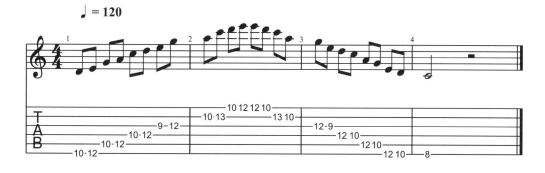

⑦ 펜타토닉 3도 폼

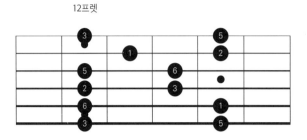

12프렛

♩ = 120

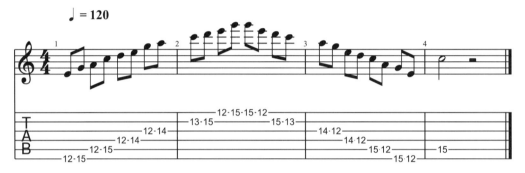

⑧ 펜타토닉 5도 폼

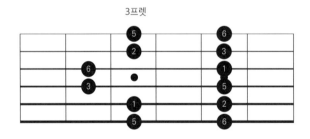

3프렛

♩ = 120

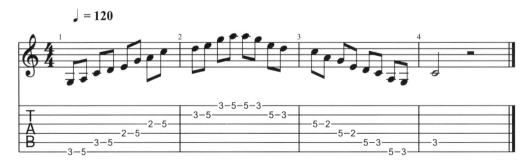

⑨ 펜타토닉 6도 폼

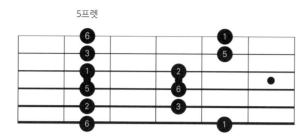

5프렛

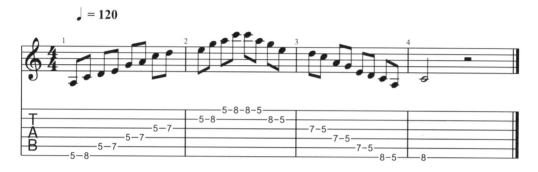

♩ = 120

⑩ 펜타토닉 3연음 1도 폼

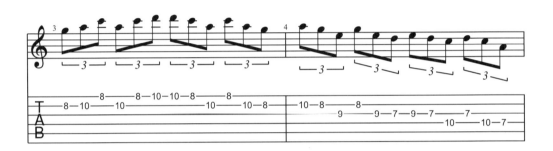

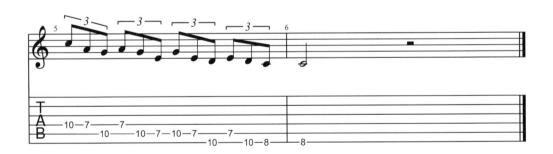

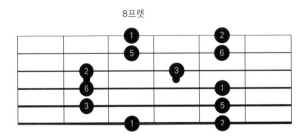

⑪ 펜타토닉 3연음 2도 폼

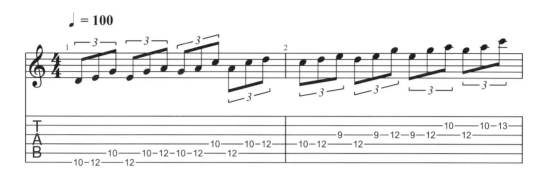

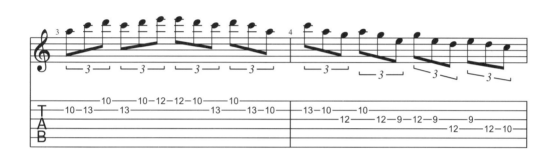

10프렛

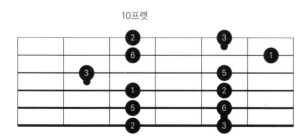

⑫ 펜타토닉 3연음 3도 폼

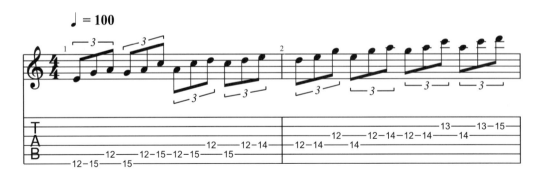

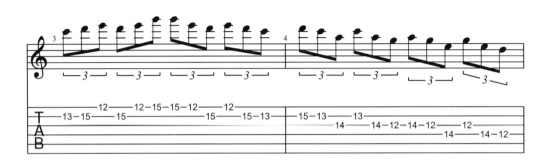

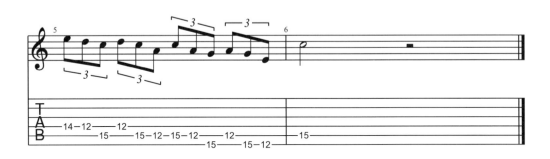

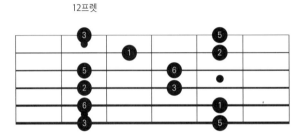

⑬ 펜타토닉 3연음 5도 폼

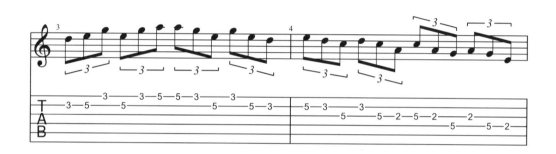

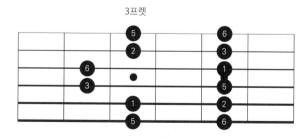

⑭ 펜타토닉 3연음 6도 폼

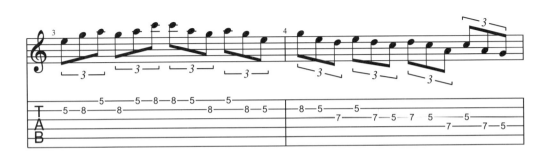

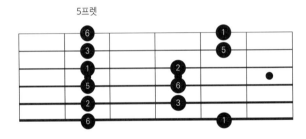

⑮ 펜타토닉 4연음 1도 폼

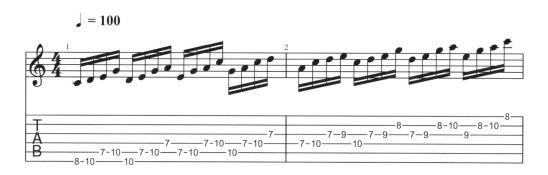

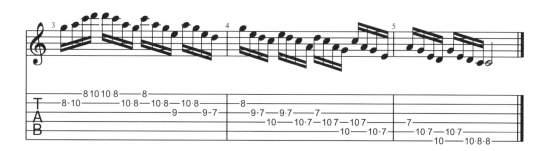

⑯ 펜타토닉 4연음 2도 폼

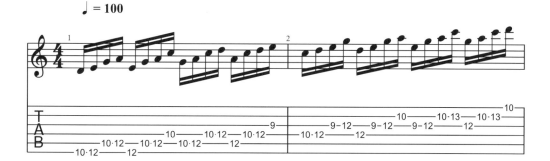

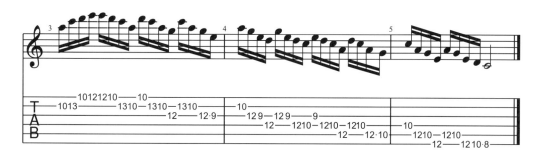

⑰ 펜타토닉 4연음 3도 폼

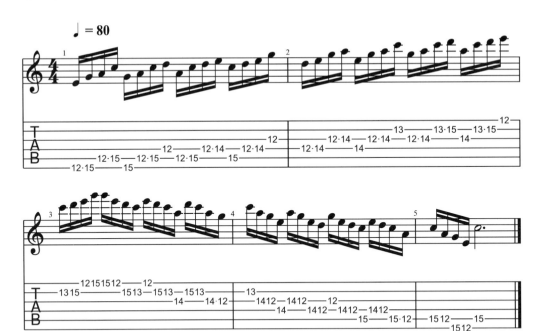

⑱ 펜타토닉 4연음 5도 폼

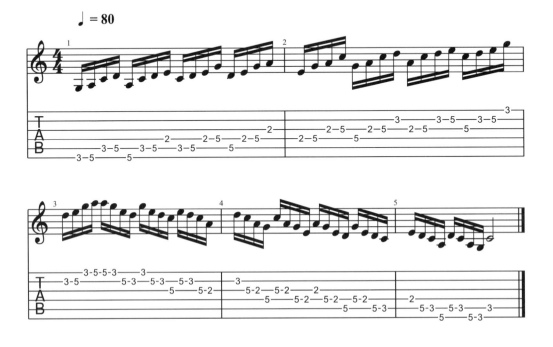

⑲ 펜타토닉 4연음 6도 폼

㉑ 펜타토닉 종합 연습 : 5→6→1→2→3→3→2→1→6→5 순서로 폼들을 연결하세요.

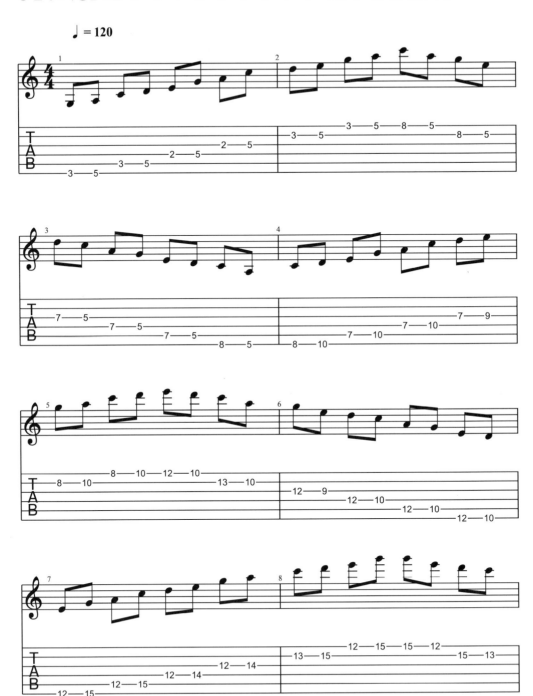

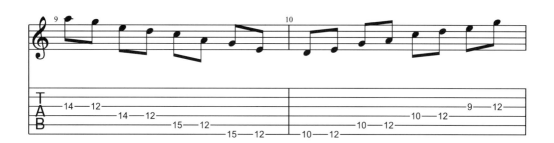

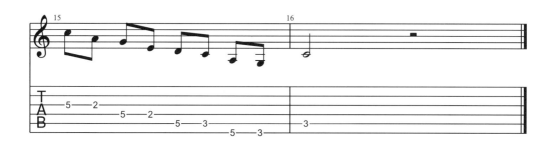

Part 6. 5가지 기초 테크닉(5 Basic Technique)

Part 6 음원 듣기

지금부터 알아볼 기초 테크닉은 일렉기타를 연주할 때 정말 자주 사용하는 기술입니다. 슬라이드, 해머링 온, 풀링 오프, 비브라토, 벤딩(초킹) 5가지를 연습하겠습니다.

1. 슬라이드 : 다음 멜로디로 미끄러지듯 자연스럽게 넘어가는 테크닉

① 슬라이드의 시작점과 도착점을 명확히 정하세요. 소리가 매끄럽게 이어지면서도 도착 음이 정확해야 합니다.

② 슬라이드 중에는 줄의 압력을 일정하게 유지하여 불필요한 노이즈를 줄입니다.

③ 느린 템포로 시작하여 속도를 점진적으로 올리며 연습합니다.

2. 해머링 온 : 다음 멜로디를 오른손이 아닌 왼손으로 때리듯 연주하는 테크닉

① 손가락의 힘이 부족하면 음이 명확하지 않게 들릴 수 있으니, 손가락으로 줄을 때릴 때 충분한 힘을 실어줍니다.

② 음이 연결되는 느낌을 위해 해머링 온을 시작하는 음을 오른손으로 깔끔히 연주합니다.

③ 메트로놈을 사용하여 일정한 리듬으로 연습하면 기술의 일관성을 높이는 데 도움이 됩니다.

3. 풀링 오프 : 해머링 온과 반대로 높은 음에서 낮은 음으로 갈 때 왼손을 떼는 테크닉

① 손가락을 떼는 동시에 약간 튕겨내듯이 움직여서 음을 더 선명하게 만듭니다.

② 높은 음에서 낮은 음으로 이동할 때, 손가락이 다른 줄을 건드리지 않도록 신경 씁니다.

③ 다양한 음정을 활용한 패턴 연습을 통해 실전 적용력을 높입니다.

4. 비브라토 : 음의 이동이 아닌 해당 음을 떨어주는 것

① 처음에는 느린 속도로 시작하여 손목이나 손가락의 떨림 폭과 속도를 조절하며 연습합니다.

② 일정한 박자와 속도로 비브라토를 유지하도록 신경 쓰세요. 불규칙하게 떨리지 않도록 합니다.

③ 기타의 줄과 위치(고음 줄, 저음 줄)에 따라 손목과 손가락의 사용 비율을 조정합니다.

5. 벤딩(초킹) : 줄의 장력을 이용해서 반음이나 온음을 높일 때 사용하는 테크닉

① 목표 음정을 정확히 맞추는 것이 가장 중요합니다. 메트로놈이나 튜너를 사용하여 목표 음정을 확인하며 연습합니다.

② 손가락 한 개만 사용하지 말고 보조 손가락(예 : 검지와 중지)을 함께 사용하여 안정감을 높입니다.

③ 온음(2프렛) 벤딩과 반음(1프렛) 벤딩을 명확히 구분하여 연습합니다.

① 슬라이드 기초 훈련　♩ = 70

② 해머링 기초 훈련　♩ = 70

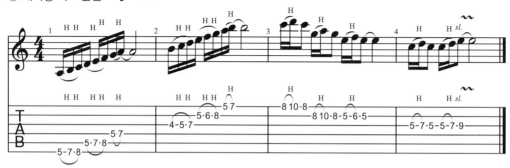

③ 풀링 기초 훈련　♩ = 70

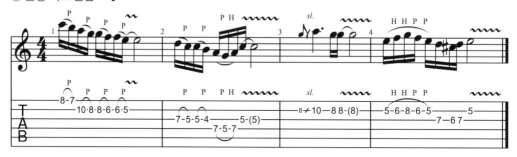

④ 비브라토 기초 훈련　♩ = 70

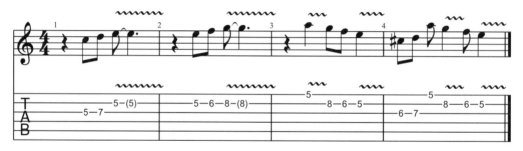

⑤ 벤딩 기초 훈련　♩ = 70

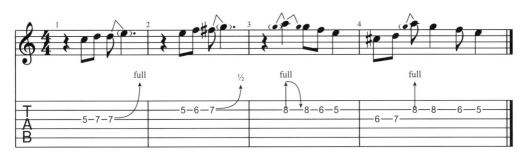

⑥ 5가지 테크닉의 차이점

♩ = 120

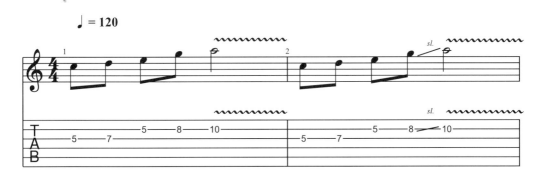

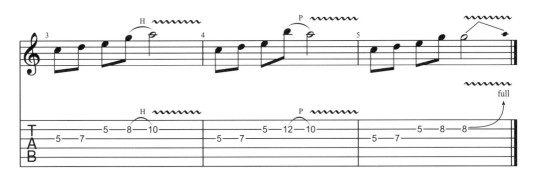

⑦ 펜타토닉 슬라이드 연습(5도폼 이용)　♩ = 120

⑧ 펜타토닉 해머링 연습(1도폼 이용)　♩ = 120

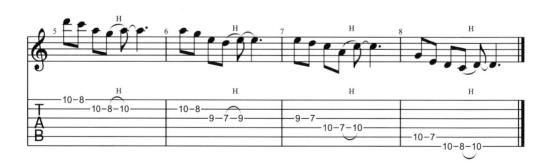

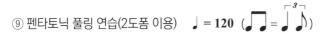

⑨ 펜타토닉 풀링 연습(2도폼 이용)   ♩ = 120

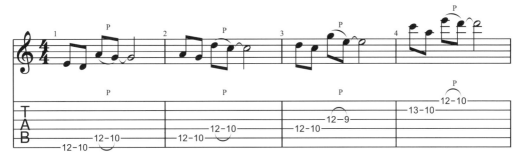

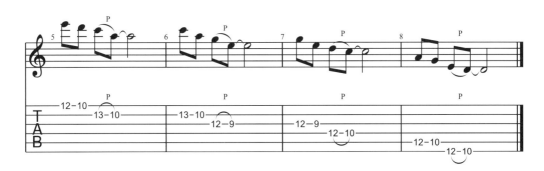

⑩ 펜타토닉 비브라토 연습(6도폼 이용)   ♩ = 120

⑪ 펜타토닉 벤딩 연습(3도폼 이용) ♩ = 120

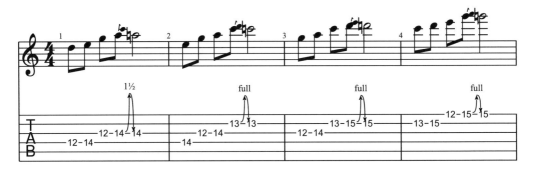

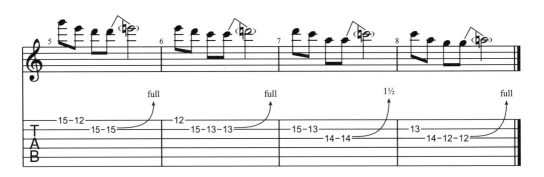

⑫ 해머링, 풀링 속주 연습 ♩ = 120

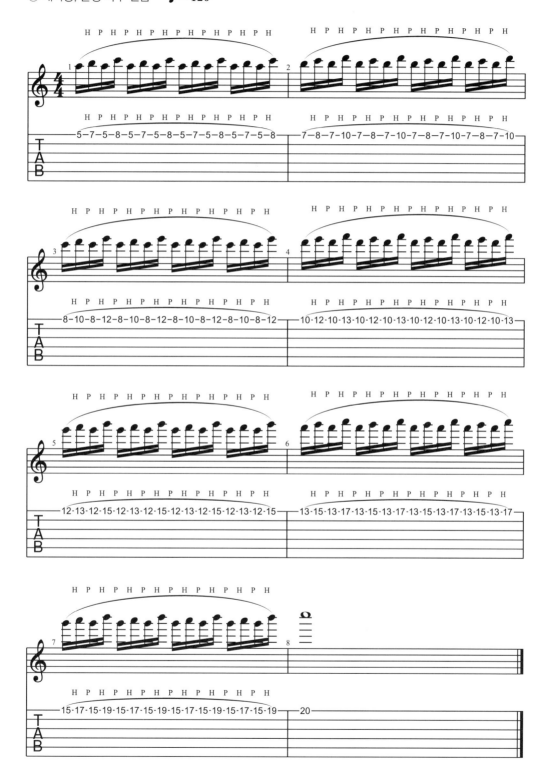

Part 7. 코드 톤(Chord Tone)

Part 7 음원 듣기

코드 톤 연습의 중요성

코드 톤은 코드의 구성음(1, 3, 5, 7)을 화음처럼 동시에 연주하는 것이 아니라, 솔로 플레이처럼 한 음씩 연주하는 방식입니다. 이 기법은 마디마다 코드가 변할 때, 각 코드에 적합한 음을 선택해 연주하기 위한 필수적인 연습입니다. 즉흥 연주에서 스케일을 따라가는 스텝형 솔로 방식과 달리, 음 사이의 도약을 활용하는 스킵형 솔로의 대표적인 접근법으로, 더 다채로운 표현이 가능합니다. 코드 톤 연습은 즉흥 연주 시 스케일 중심의 연주를 넘어, 코드와의 조화를 극대화하는 데 필수적입니다. 코드 진행에 맞춰 자연스럽게 음을 선택할 수 있게 되면, 연주가 보다 유기적이고 설득력 있는 흐름을 갖게 됩니다.

연습 방법

① 1단계 연습 : 한 옥타브 안의 코드 톤 연습
1단계로, 각 줄에서 1도 음을 시작점으로 하여 한 옥타브 안의 코드 톤(1, 3, 5, 7)을 연습하는 것을 목표로 합니다. 이를 통해 코드 톤의 위치를 손에 익히고, 연주 중에 거침없이 접근할 수 있도록 준비해야 합니다.

② 2단계 연습 : 2옥타브 코드 톤 연결하기
2단계 연습에서는 6번 줄과 4번 줄, 5번 줄과 3번 줄을 연결하여 2옥타브 범위에서 코드 톤(1, 3, 5, 7)을 연습합니다. 이 연습은 중급 교재에서 다룬 내용이지만, 고급 연습으로 이어지기 위해 반드시 숙달해야 합니다.

③ 3단계 연습 : 블록 내 상하 코드 톤 연습
마지막 3단계는 지판을 좌우로 이동하는 대신, 하나의 블록 안에서 상하로 코드 톤을 연습하는 것이 목표입니다. 이는 이전 단계에서 줄 사이의 이동이 많아질 수 있는 점을 보완하며, 한 손으로 효율적으로 코드 톤을 연주할 수 있도록 돕습니다.

중요한 점은 단순히 음을 나열하는 것이 아니라, 각 음을 명확히 인지하며 연주하는 것입니다. 코드 톤 연습을 통해 즉흥 연주에서 음의 선택이 더 풍부해지고, 코드 진행과의 조화가 강화될 것입니다. 꾸준히 연습하여 코드 톤을 자유롭게 활용할 수 있는 솔로 연주를 목표로 하세요.

6번 줄 코드 톤 블록

GM7

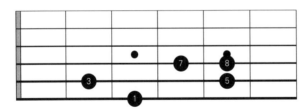

G7

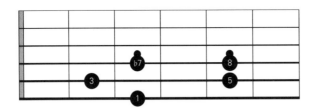

Gm7

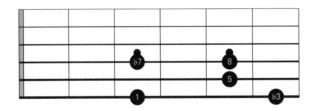

Gm7(♭5)

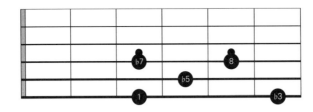

Gdim7

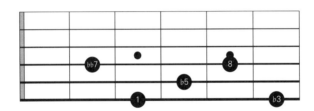

1단계 연습 : 한 옥타브 안의 코드 톤 연습

① 6번 줄 코드 톤

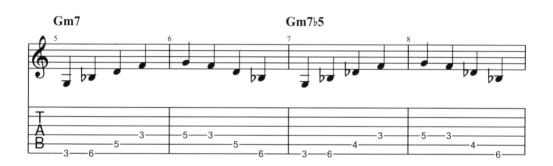

5번 줄 코드 톤 블록

CM7

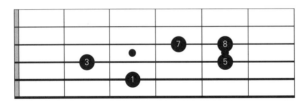

C7

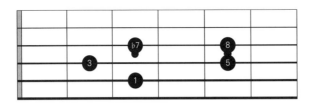

Cm7

Cm7(♭5)

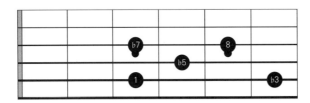

Cdim7

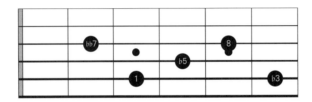

② 5번 줄 코드 톤

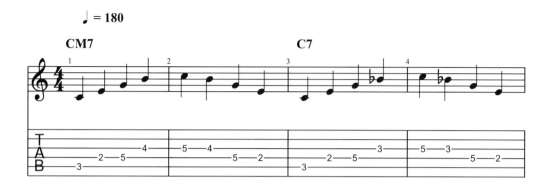

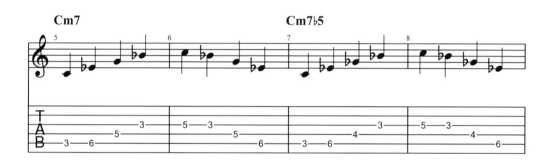

4번 줄 코드 톤 블록

GM7

5프렛

G7

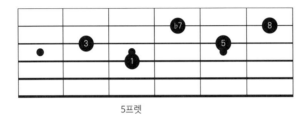

5프렛

Gm7

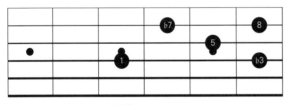

5프렛

Gm7(♭5)

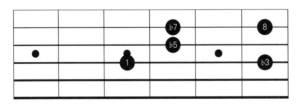

5프렛

Gdim7

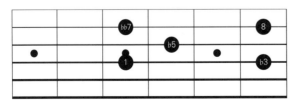

5프렛

③ 4번 줄 코드 톤

3번 줄 코드 톤 블록

CM7

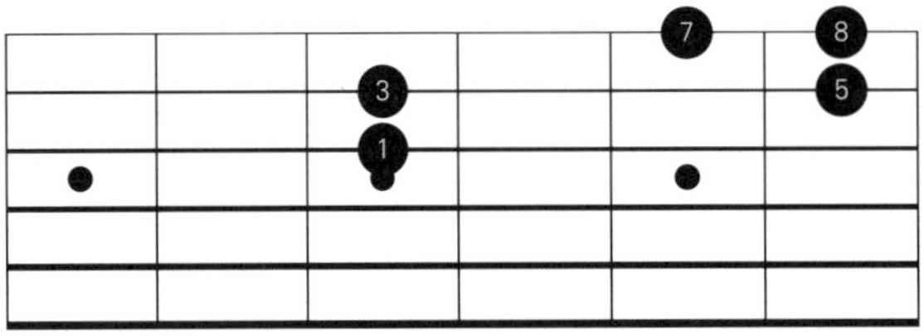

5프렛

C7

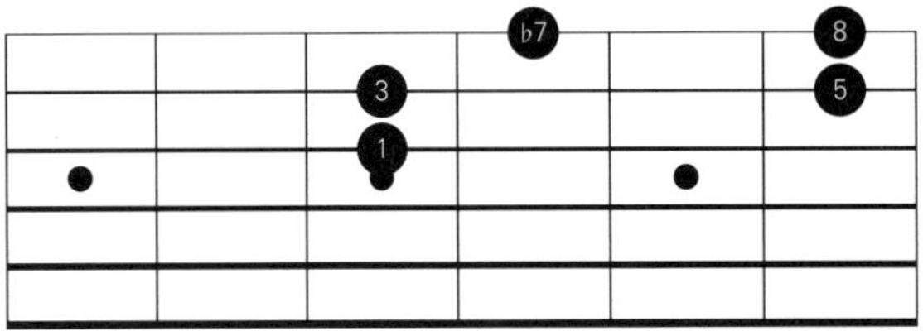

5프렛

Cm7

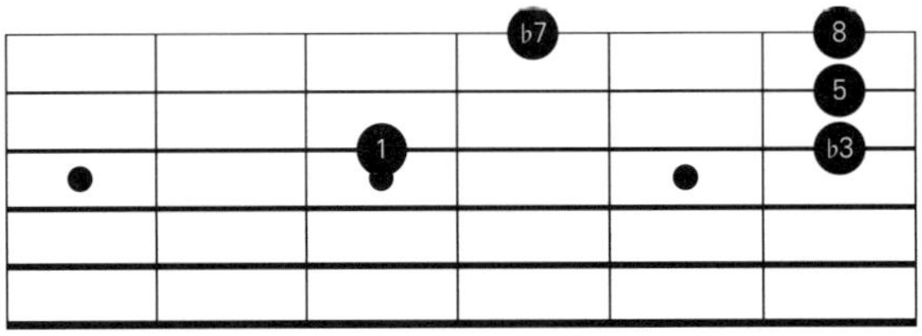

5프렛

Cm7(b5)

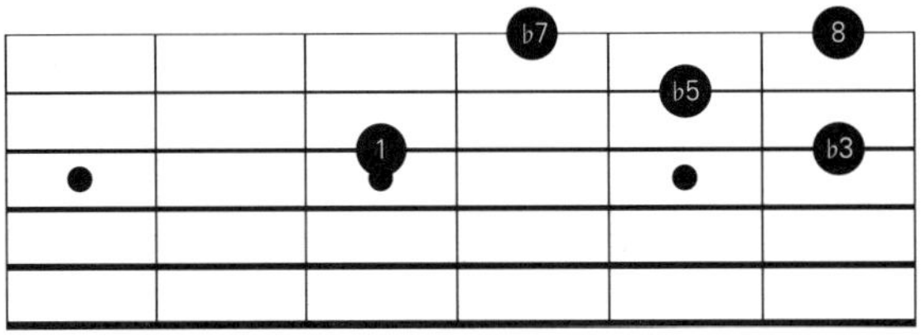

5프렛

Cdim7

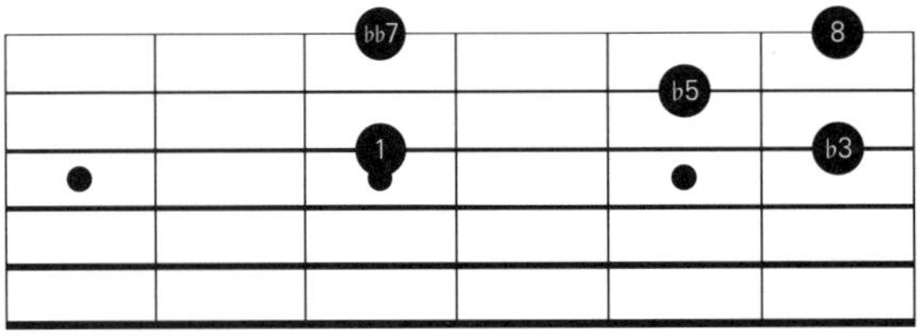

5프렛

④ 3번 줄 코드 톤

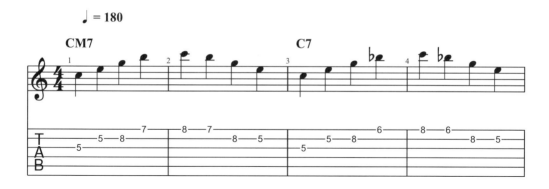

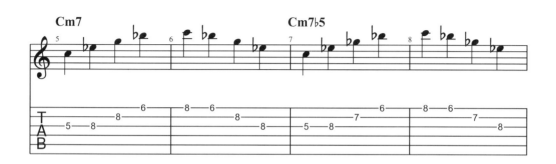

2단계 연습 : 2옥타브 코드 톤 연결하기

6-4번 줄 코드 톤 블록

GM7

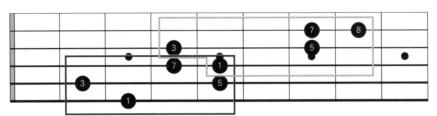

G7

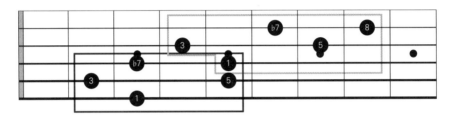

Gm7

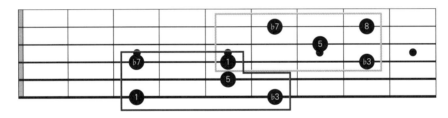

Gm7(♭5)

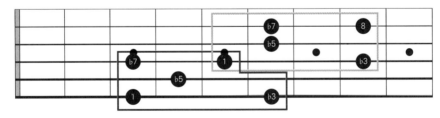

Gdim7

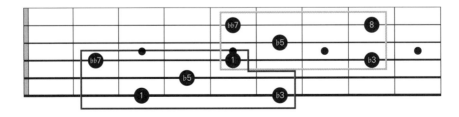

⑤ 6-4번 줄 코드 톤　♩ = 180

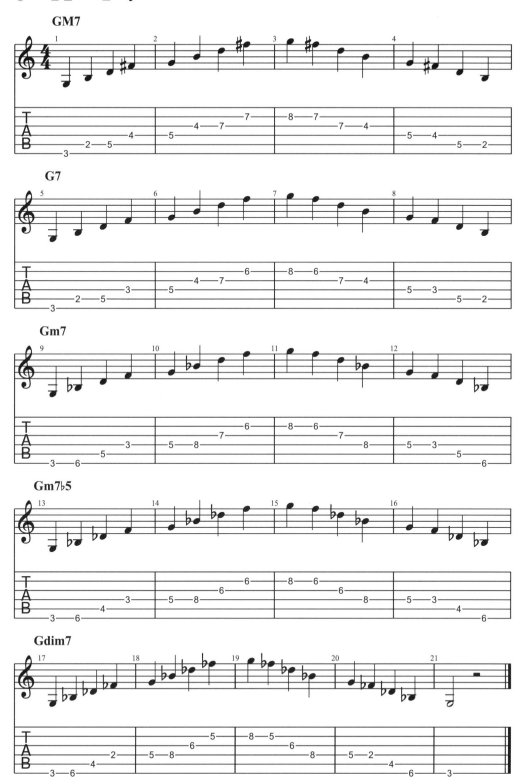

5-3번 줄 코드 톤 블록

CM7

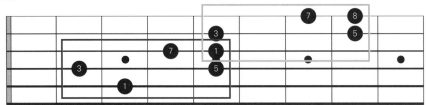

C7

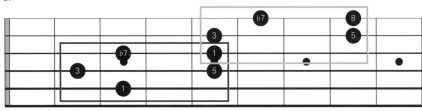

Cm7

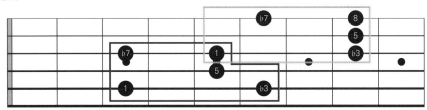

Cm7(♭5)

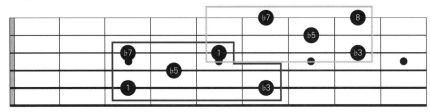

Cdim7

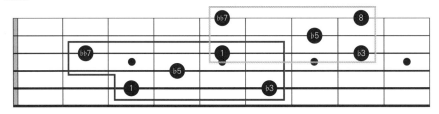

⑥ 5-3번 줄 코드 톤   ♩ = 180

3단계 연습 : 블록 내 상하 코드 톤 연습

6번 줄 코드 톤 블록

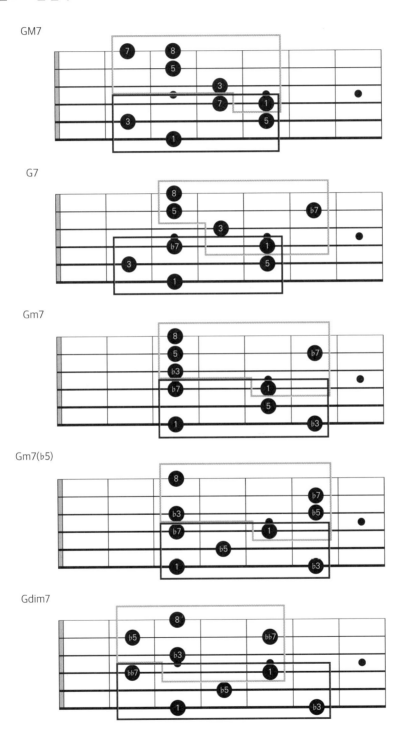

 ⑦ 6번 줄 코드 톤　♩ = 180

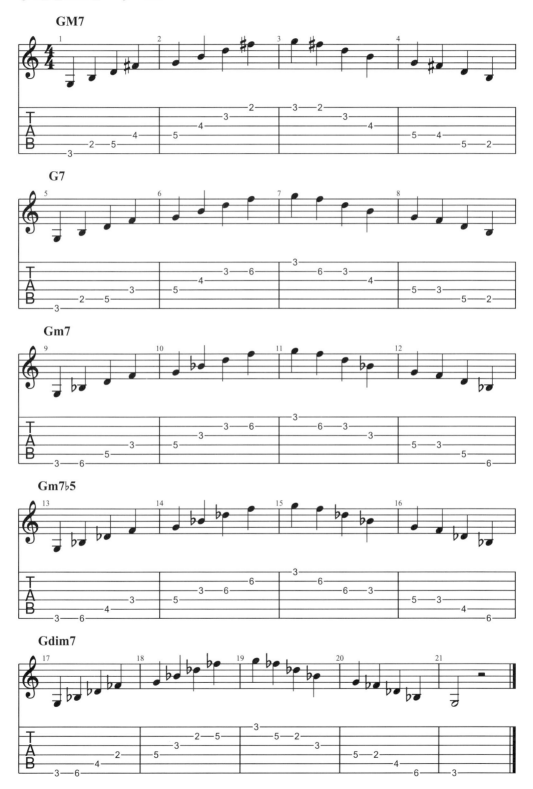

5번 줄 코드 톤 블록

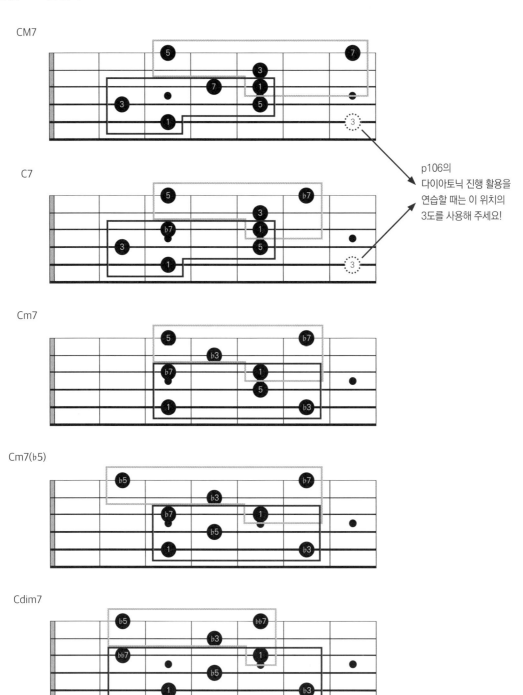

CM7

C7

Cm7

Cm7(♭5)

Cdim7

p106의
다이아토닉 진행 활용을
연습할 때는 이 위치의
3도를 사용해 주세요!

⑧ 5번 줄 코드 톤   ♩ = 180

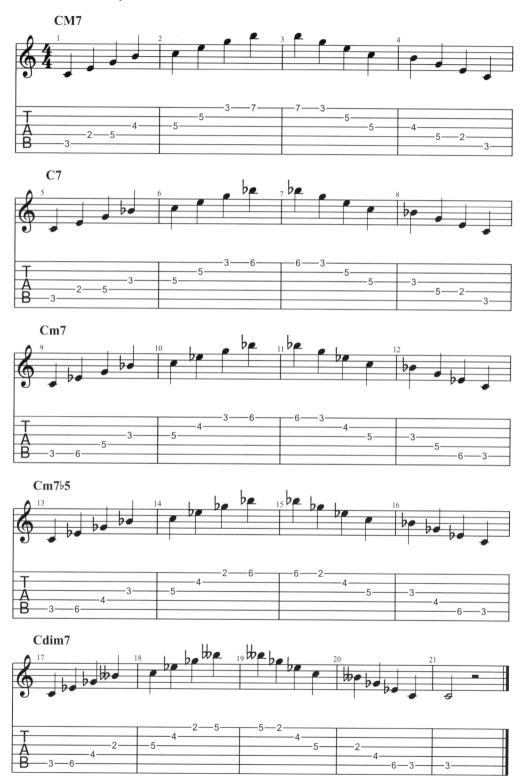

105

코드 톤 연습 실전 응용 : 다이아토닉 코드 진행 활용

⑨ 6번 줄 Diatonic 코드 톤

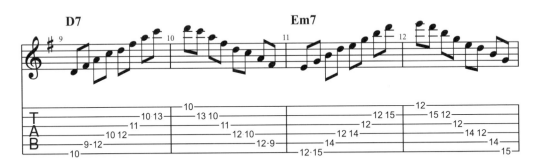

⑩ 5번 줄 Diatonic 코드 톤

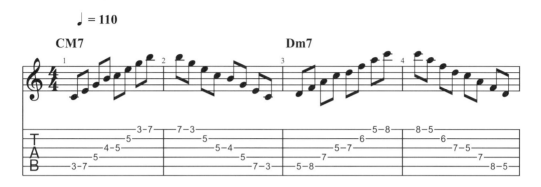

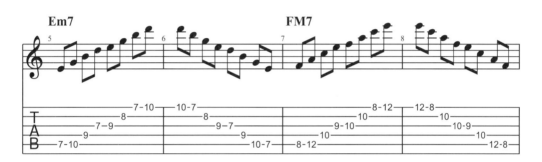

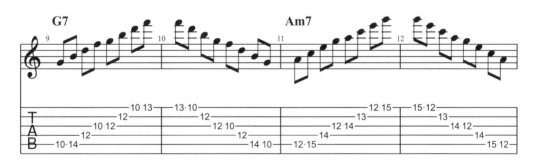

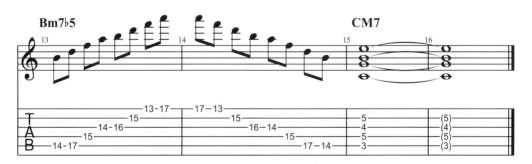

Part 8. 트라이어드(Triad)

Part 8 음원 듣기

트라이어드는 3화음을 의미하며, 솔로 연주에서 활용하기 위한 대표적인 스킵형 솔로 방식입니다. 트라이어드를 연주에 활용하면 음과 음 사이의 도약을 통해 보다 선명하고 음악적인 솔로를 만들 수 있습니다.

트라이어드의 기본 유형

트라이어드는 1, 3, 5도로 이루어진 3화음으로 메이저 트라이어드(Major Triad), 마이너 트라이어드(Minor Triad), 디미니쉬 트라이어드(Diminished Triad), 어그먼트 트라이어드(Augmented Triad) 4가지 유형이 있습니다. 이 네 가지 트라이어드는 기타 지판에서 익혀야 할 기본적인 화음 구성이며, 코드 톤 연습과 자연스럽게 연결됩니다.

트라이어드는 코드 톤 1, 3, 5, 7 중에서 1, 3, 5도만 사용하므로, 코드 톤을 학습하며 지판의 음정을 외우는 데 큰 도움이 됩니다. 이를 통해 코드 진행이나 즉흥 연주 상황에서 효율적으로 음을 선택할 수 있습니다. 특히, 특정 줄에서 1, 3, 5도의 위치를 지판 위에서 정확히 외우는 연습이 중요합니다. 트라이어드 연습을 통해 지판의 음 위치를 빠르게 파악하고, 어떤 음이든 즉시 연주할 수 있는 능력을 갖출 수 있습니다.

연습 방법

① 기본 위치 연습을 5프렛 기준으로 시작합니다. 예를 들어 C 메이저 트라이어드(C, E, G)를 6번 줄, 5번 줄, 4번 줄 등에서 각각 연습합니다.

② 줄별로 연습합니다. 특정 줄을 기준으로 3도와 5도의 위치를 연습하며, 다른 줄로 확장합니다.

③ 다양한 key와 위치에서 연습합니다.

④ 5프렛뿐만 아니라, 지판 전체를 활용하여 모든 key에서 트라이어드를 연습합니다.

⑤ 메이저, 마이너, 디미니쉬, 어그먼트 유형을 순서대로 연습하며 머릿속에 각 유형을 빠르게 떠올릴 수 있도록 훈련합니다.

트라이어드는 코드 톤과 밀접하게 연결되어 있을 뿐만 아니라, 음악적 표현을 확장하는 강력한 도구입니다. 꾸준히 연습하여 어떤 줄에서든, 어떤 키에서든 트라이어드를 자유롭게 연주할 수 있는 수준을 목표로 하세요.

트라이어드 1번 줄 블록 표시

A

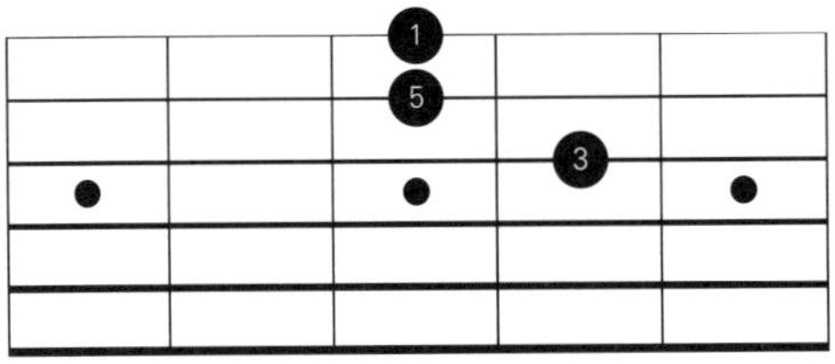

5프렛

Am

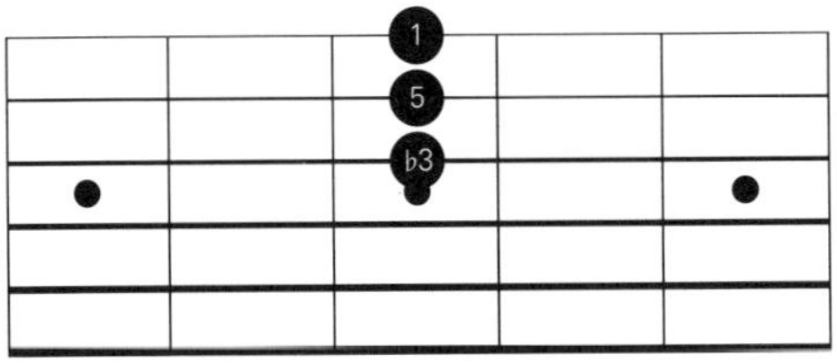

5프렛

Adim

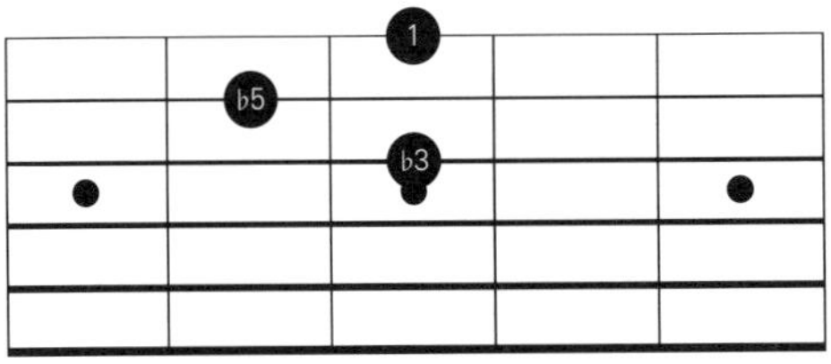

5프렛

Aaug

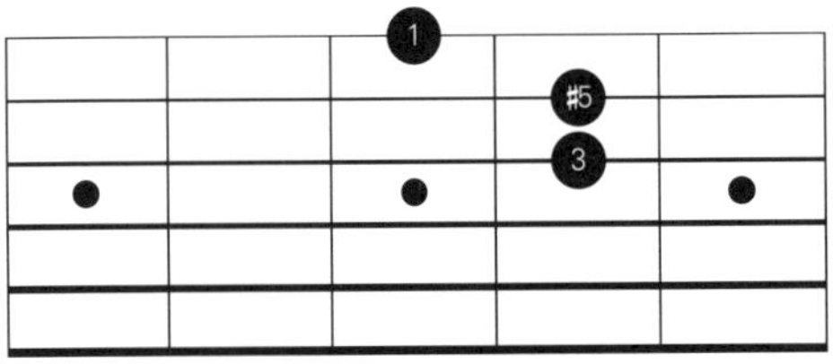

5프렛

① 트라이어드 1번 줄 연습

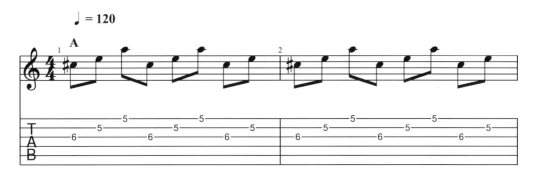

트라이어드 2번 줄 블록 표시

F

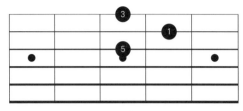

5프렛

Fm

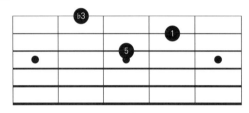

5프렛

Fdim

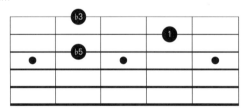

5프렛

Faug

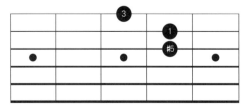

5프렛

② 트라이어드 2번 줄 연습

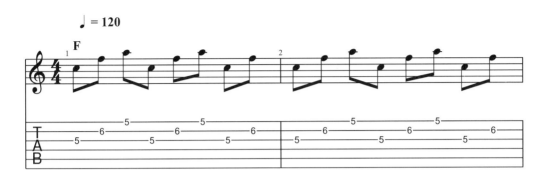

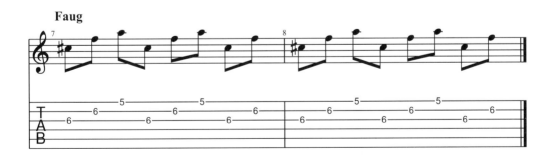

트라이어드 3번 줄 블록 표시

D

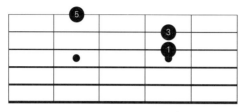

7프렛

Dm

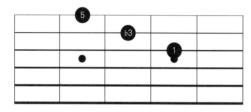

7프렛

Ddim

7프렛

Daug

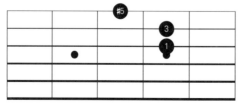

7프렛

③ 트라이어드 3번 줄 연습

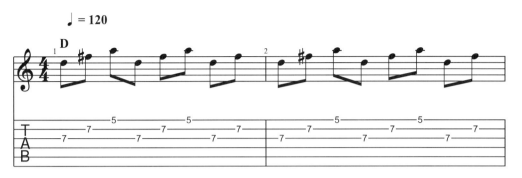

트라이어드 4번 줄 블록 표시

A

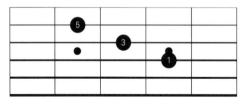

7프렛

Am

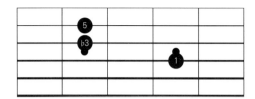

7프렛

Adim

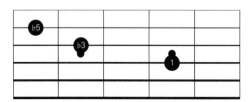

7프렛

Aaug

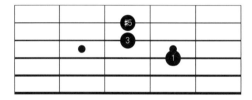

7프렛

④ 트라이어드 4번 줄 연습

트라이어드 5번 줄 블록 표시

F

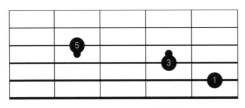

7프렛

Fm

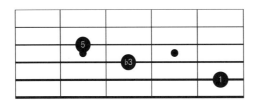

7프렛

Fdim

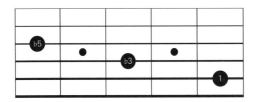

7프렛

Faug

7프렛

⑤ 트라이어드 5번 줄 연습

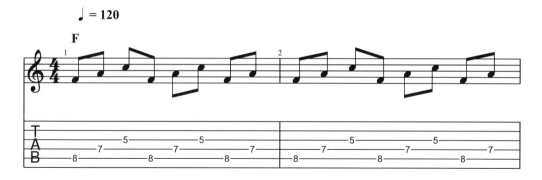

트라이어드 6번 줄 블록 표시

C

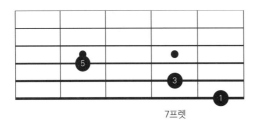

7프렛

Cm

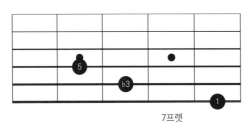

7프렛

Cdim

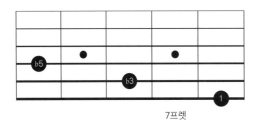

7프렛

Caug

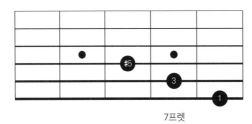

7프렛

⑥ 트라이어드 6번 줄 연습

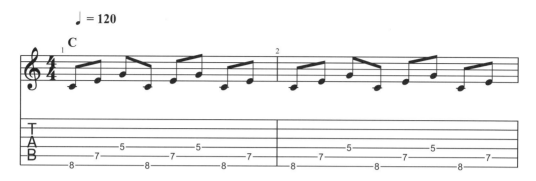

Part 9. Major/Minor 2-5-1 Lick

Part 9 음원 듣기

릭(Lick)의 개념과 중요성

릭은 일상 대화에서 사용하는 속담, 사자성어, 숙어와 같은 역할을 합니다. 즉, 음악적 문장을 만드는 기본 단위로, 특정 코드 진행에 대응하는 사운드 패턴을 익히는 것을 의미합니다. 릭은 코드의 음을 하나씩 분석하며 맞추기보다는, 전체적인 사운드의 흐름과 표현의 느낌을 익히는 데 중점을 둡니다. 이는 즉흥 연주 시 곧바로 적용할 수 있는 '사운드 표현의 어휘'라고 볼 수 있습니다. 또한 릭을 연습하고 응용함으로써, 연주자는 자신의 연주 스타일을 더욱 풍부하고 다양하게 확장할 수 있습니다.

고급 연주나 즉흥 연주에서 가장 많이 등장하는 코드 진행 중 하나는 바로 2-5-1 진행입니다. 이 진행은 재즈를 비롯한 다양한 음악 장르에서 필수적인 요소로, 기타 연주자라면 언제든 손가락이 자연스럽게 움직일 수 있도록 2-5-1 릭(Lick)을 연습하는 것이 중요합니다. 2-5-1은 곡의 시작, 전환, 종결 부분에서 자주 사용되므로 반드시 숙달해야 합니다. 특히, 2-5-1 릭은 기타 연주의 기초뿐만 아니라 고급 테크닉의 기반을 형성합니다. 이를 완전히 숙달하면 즉흥 연주에서 창의성과 자유로운 표현을 더욱 강화할 수 있습니다.

연습 방법

① 처음에는 C 메이저의 2-5-1 진행에서 릭을 반복 연습합니다. 템포를 느리게 시작하여 점차 속도를 올리며 연습합니다. 각 음정의 정확성을 확인하며 부드럽고 자연스러운 흐름을 만들도록 합니다.

② 동일한 릭을 지판의 여러 위치에서 연주하며, 각 포지션에 익숙해집니다. 예를 들어 6번 줄, 5번 줄, 4번 줄을 활용해 다양한 포지션에서 2-5-1 릭을 연주합니다. 이렇게 연습하면 지판 전체에서 동일한 릭을 자유롭게 활용할 수 있는 능력을 키울 수 있습니다.

③ 점차 12 key로 확장하여 연습합니다. 중요한 것은 새로운 key에서 연습할 때, 기존에 익힌 릭을 다른 위치로 옮겨 적용하는 감각을 키우는 것입니다. 이를 통해 모든 key에서 자연스럽게 연주할 수 있는 유연성을 기릅니다.

2-5-1 릭은 기타 연주의 어휘를 확장하고, 즉흥 연주를 자연스럽게 만들어주는 강력한 도구입니다. 꾸준히 연습하여 특정 코드 진행에서 즉각적으로 반응할 수 있는 능력을 키워야 합니다. 릭을 단순히 연주하는 데 그치지 말고, 그 사운드를 머리와 손에 완전히 익히는 것을 목표로 하시기를 바랍니다. 또한, 릭을 다양한 스타일로 변형하고 응용하여 자신만의 음악적 언어를 만들어야 합니다.

① Major 2–5–1 Lick 1

② Major 2–5–1 Lick 2

③ Major 2–5–1 Lick 3

④ Major 2-5-1 Lick 4

⑤ Major 2-5-1 Lick 5

⑥ minor 2-5-1 Lick 1

⑦ minor 2-5-1 Lick 2

⑧ minor 2-5-1 Lick 3

⑨ minor 2-5-1 Lick 4

⑩ minor 2-5-1 Lick 5

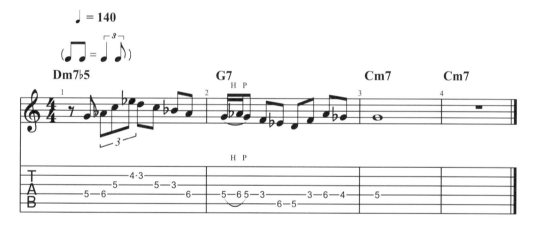

일렉기타 솔로 연주를 위한
말랑기타 트레이닝북

초판 1쇄 인쇄 2025년 1월 13일
초판 1쇄 발행 2025년 1월 20일

지 은 이 전무진
기획편집 양세진
악보제작 이준용
마 케 팅 정보옥
디 자 인 전혜진, JK Design
인　　쇄 예림인쇄

펴낸곳 1458music
주소 경기도 성남시 분당구 장미로 42, 리더스빌딩 716호
전화 070-8670-4340 / **팩스** 0504-848-4340
등록 2008년 4월 21일, 제2008-000017호
홈페이지 www.1458music.com　**페이스북** www.facebook.com/1458musicbook
유튜브 www.youtube.com/c/1458music　**이메일** 1458music@naver.com

copyright 전무진